Prata med ditt barn om läxor

Prata med ditt barn om läxor

Nils-Erik Nilsson

Förlag: BoD – Books on Demand, Stockholm, Sverige
Tryck: BoD – Books on Demand, Norderstedt, Tyskland

ISBN: 978-91-7569-186-2

Innehållsförteckning

INLEDNING

Den här boken riktar sig i första hand till föräldrar med barn i grundskolan från skolår fyra till nio, men också till lärare i grundskolan. Avsikten med den här boken är att ge en inblick i hur man idag tänker omkring lärande och hur föräldrar kan stödja sina barn i skolarbetet.

Boken består av tre kapitel. Den inleds med ett kapitel om hur man tidigare har sett på lärande, främst genom att visa hur texter har använts i skolan. I folkskolans begynnelse på 1800-talet användes en metod som skulle skapa lydiga och underdåniga medborgare. Från början kom utantillärning att fylla den funktionen. Senare kom frågor riktade till texterna att ta över. Syftet var att eleverna med hjälp av dessa frågor skulle uppfatta texterna på rätt sätt. Vidare diskuteras hur olika individualiseringsprogram växte fram i samband med grundskolans genomförande på 1960-talet.

I kapitel två diskuterar jag hur vi idag ser på lärande, där språkliga aktiviteter tillsammans med klasskamrater spelar en stor roll för effektivt lärande. Syftet med kapitlet är att man ska få en bättre bild av hur lärande i skolan kan gå till, och att man därigenom ska få en förståelse för hur man som förälder på bästa sätt kan stötta sina egna barn i samband med läxläsningen. Det tredje kapitlet fokuserar på hur ett sådant stöd kan se ut i praktiken, men också hur samarbetet mellan lärarna och föräldrarna kan utveckla detta arbete.

Det är en förhoppning att boken ska stimulera föräldrar till att ta en aktiv del i sina barns utbildning, och att lärare tillsammans med föräldrar ska utveckla ett samarbete som gynnar elevers lärande.

Boken lämpar sig också som underlag för föräldramöten där föräldrar och lärare kan mötas för att diskutera hur man tillsammans på bästa sätt kan stödja barnen under skoltiden.

Att träffa andra föräldrar och få tillfälle att diskutera sina erfarenheter leder till att man kan få nya infallsvinklar på hur man kan stötta de egna barnen i skolarbetet. I dessa möten kan deltagarna utifrån sina respektive perspektiv bidra till att utveckla detta stöd. I slutet av boken finns frågeställningar som kan fungera som utgångspunkt för gruppens diskussioner och ligga till underlag för diskussioner på föräldramöten.

1 HUR TEXTER HAR ANVÄNTS I SKOLARBETET

Förmågan att läsa är en viktig förutsättning för studiefram-gång. Därför oroar rapporter om sjunkande läsförmåga bland våra barn och ungdomar med rätta politiker, skolfolk och allmänhet. Att läsa är dock inte uteslutande en meka-nisk färdighet, utan läsning är också en tolkningsprocess där läsaren på olika sätt bearbetar texten.

Texter förekommer i olika medier, har olika normer och olika syften. För att texter ska bli meningsfulla måste de tolkas. Vi kan börja med att betrakta ett stopptecken i trafi-ken. Den består av en åttkantig skylt med rött fält och vit text med stora bokstäver. I vägtrafikförordningen framgår att trafikanten ovillkorligen måste stanna sitt fordon vid denna skylt. Man bestraffas dessutom med böter om man inte stannar. Skylten är konstruerad så att den ska undan-röja tolkningsmöjligheter Den röda färgen symboliserar i trafiksammanhang fara, varning, stoppskyldighet (jfr trafik-ljus). Vissa texter är utformade så att de inte ska kunna missförstås, som lagtexter, förordningstexter, instruktioner och liknande. Ändå har vi en hel yrkeskår med uppgift att tolka sådana texter, nämligen advokater som bistår indivi-der, myndigheter och företag vid tolkning av lagtexter.

När vi läser en text är vi i princip utlämnade till att på egen hand tolka det budskap författaren försöker förmedla. Vi kan inte som i ett samtal ställa frågor för att på det sättet få oklarheter förtydligade, utan vi måste på egen hand hämta mening ur texten. Texter av faktakaraktär läser vi för att hämta information, eller för att förstå olika sammanhang eller komplicerade fenomen. Läromedel är producerade för att på ett för åldersgruppen passande sätt beskriva sakförhållanden och reda ut ibland komplicerade förhållanden. När vi läser sådana texter, där vi försöker förstå idéer eller hämta information, försöker vi få grepp om ämnet genom att hämta ledtrådar i texten som hjälper oss att förstå själva poängen. När vi väl har fått grepp om helheten, eller poängen, utgör detta vår förståelse av helheten.

Under läsning av en text bygger läsaren steg för steg upp en textvärld som under läsningens gång blir allt mer sammanhängande. Den textvärld som läsaren konstruerar under läsningen skiljer sig från individ till individ. Vilken textvärld läsaren konstruerar är beroende av en mängd faktorer, som till exempel de personliga och kulturella erfarenheterna, den förförståelse man har samt målet med läsningen. Textvärlden inkluderar också vad individen förstår och inte förstår, liksom de tillfälliga förutsägelser läsaren gör om hur texten kommer att utvecklas. Under läsningens gång förändras förståelsen hos läsaren utifrån de hypoteser om textens innebörd som denne ställer upp. Att förstå kan sägas vara slutprodukten av de processer individen utför när han eller hon tolkar. Hur texter bearbetas har också betydelse för hur man kommer att förstå en text.

Att memorera texter

Läsförmågan har skiftat under århundradena. Från början var det endast en liten elit som behärskade läskonsten. Det var framför allt kyrkans män som kunde läsa, och de kyrkliga texterna förmedlades via prästerskapet till allmänheten.

I och med reformationens genomförande på 1500-talet kom staten att överta ansvaret för kyrkan. Kyrkan blev nu en statskyrka. Med reformationen påbörjades ett arbete med att religiöst omskola det svenska folket. Här kom *Katekesen*, som utformats av Martin Luther, att få en oerhört stor betydelse för att förmedla kristendomens grunder till församlingarna. *Stora katekesen* var en instruktion för präster och lärare, medan *Lilla katekesen* var en sammanfattning som allmänheten skulle lära in utantill. Genom att lära in katekesen utantill var tanken att en korrekt förståelse på så sätt skulle infinna sig hos allmänheten.

Under husförhören förde prästen protokoll där hushållsmedlemmarnas katekeskunskaper och läskunnighet noterades. De som uteblev kunde bestraffas.

Den här perioden kallas ibland för "den intensiva upprepningsläsningens period". Det var svårt att få tag på böcker, därför lästes de böcker man hade tillgång till upprepade gånger, ibland så ofta att man lärde dem utantill.

Upprepningsläsningens och utantillärningens traditioner, som uppmuntrades av kyrkan, övertogs så småningom av folkskolan som inrättades 1842. Utantilltragglandet som kyrkan hade tillämpat för att kontrollera människornas fostran till kristen tro och underdånighet kom länge att bli ett kännetecken också för folkskolans undervisning. Elevers förmåga att reproducera olika läromedels eller lärares tolkningar av texter kan sägas ha varit typiskt för skolans verksamhet under lång tid.

Utantillärningen som metod för att bearbeta stoff i skolan upphörde inte med att katekesen togs bort ur skolans undervisning, vilket skedde i och med 1919 års undervisningsplan. Utantilltragglandet fortsatte i andra ämnen långt in på 1900-talet. Jag kommer personligen ihåg att vi i årskurs sex (1962) fick i läxa till lördagarna kortare avsnitt ur *Nya testamentet*. Förhöret gick till så att vi fick återge innehållet genom "Skrifning ur minnet", som det stod i 1878 års normalplan. En viss eftersläpning från tidigare kursplaner kan man väl konstatera.

Målet med undervisningen inom den här traditionen var att lära in de på förhand förelagda texterna så väl som möjligt. Lite förenklat kan man säga att ju bättre eleverna lyckades med att återge det innehåll läraren hade bestämt – dvs. skolkunskaperna – desto större var chansen att de skulle få ett högre betyg. Eleverna betraktades som objekt som skulle motta och erövra ett bestämt textavsnitt och lösryckta fakta genom den undervisning de ingick i. Misslyckanden betraktas som individens inlärningsproblem. Redan i början av 1900-talet kritiserades dessa metoder. Moderna kritiker menar att sådana metoder leder till att eleverna blir passiva och osjälvständiga och att lärande under sådana förhållanden bara handlar om att ur minnet kunna återge lösryckta faktauppgifter och textpartier.

Frågor riktade till texter tar över utantillärning

Genom forskning har man kunnat visa att konstruktionen av uppgifter till texter är avgörande för vilken typ av lärande eleverna kommer att erövra. När utantilltragglandet så småningom försvann ersattes det med uppgifter riktade till texterna. Den bakomliggande tanken var att man därigenom skulle klargöra om eleverna hade uppfattat innehållet i texterna korrekt. Vanligtvis bestod uppgifterna av olika typer av frågor riktade till texten, frågor som eleverna enskilt eller i grupp skulle besvara. Läroböckernas frågor kunde vara i slutet av ett avsnitt. Mer omfattande uppgifter kunde finnas i särskilda uppgiftshäften.

Vi ska se på ett exempel, från 2003, hämtat från en lärobok för årskurs 6 i svenska[1]. Där finns ett avsnitt som behandlar några klassiska litterära författare och deras verk. Efter av-

---

[1] Falkenland, Rolf, Falkenland, Lilian 2003: Allt i svenska. År 6

snittet kommer 19 frågor som eleverna skulle besvara. Samtliga frågor är av likartad karaktär. Här följer några exempel:

Vem har skrivit boken om Nils Holgersson?

a August Strindberg

b Selma Lagerlöf

c Astrid Lindgren

H.C. Andersen är en berömd dansk sagoberättare. Vilken av dessa sagor har han skrivit?

a Kejsarens nya kläder

b Snövit

c Mästerkatten i stövlar

Vilken av dessa böcker har inte skrivits av Astrid Lindgren?

a Pelles nya kläder

b Emil i Lönneberga

c Madicken

Ställer man som i ovanstående exempel ytinriktade fakta-frågor till en text stimulerar man eleverna till att leta reda på svaren i texten, inte att läsa och reflektera över texten. Eleverna lär sig snabbt vilka strategier de ska använda sig av när de får den här typen av frågor. De scannar av texten för att snabbt komma fram till ett svar. Resultatet blir att eleverna flyttar över svaren – i det här fallet endast en bokstav a, b, eller c – till ett skrivhäfte eller till datorn, vilket betyder att den enskilda eleven troligtvis inte på något sätt har reflekterat över texten. Har en elev lyckats fästa dessa faktakunskaper i sitt minne innebär det oftast att den kunskapen dessutom är synnerligen fragmentarisk.

I en skola, som jag besökte i egenskap av lärarutbildare, följde jag en av de lärarstuderande. Hon hade blivit tilldelad ett arbetsområde som flera klasser i årskurs 9 arbetade med. Ett lärarlag hade utarbetat ett arbetsmaterial med ett antal texter som alla hade det gemensamma temat "kärlek". Texterna bestod av såväl skönlitterära texter som faktatexter. Texterna var grupperade i underteman och efter varje sådant undertema följde ett antal frågor som eleverna skulle besvara. Eleverna arbetade enskilt med texterna och besvarade också frågorna enskilt. Jag gick runt i klassrummet och betraktade verksamheten. Eleverna arbetade till synes flitigt med uppgifterna.

Jag stannade till hos en av pojkarna och pratade med honom om uppgiften. Han var varken road eller motiverad av verksamheten men berättade hur han gick till väga. Han började konsekvent med att leta reda på frågorna, och sedan scannade han av texterna för att finna svaret, som han sedan skrev in i sitt skrivhäfte. Han hade ingen aning om vad de enskilda texterna handlade om.

Att över huvud taget komma på att ge eleverna den här typen av uppgifter till ett tema som handlar om kärlek är naturligtvis en gåta. Finns det något mer självklart än att närma sig texter om kärlek genom att på olika sätt diskutera innehållet i smågrupper och i helklass?

Åsa af Geijerstam, som har forskat om skrivande i naturorienterande ämnen, har undersökt vilka skrivuppgifter elever får i dessa ämnen i årskurs 5 och 8. Hon konstaterar att olika former av reproducerande skrivuppgifter dominerade i årskurs 8. Det kunde vara att de skulle skriva av anteckningar från tavlan eller läroboken och att svara på frågor, medan s.k. "eget arbete", berättelser och labbrapporter dominerade skrivandet i årskurs 5. Hon konstaterar att eleverna knappast kan använda sina egenhändigt skrivna texter till något, och de har svårigheter att tala om sina egna texter och förklara luddiga avsnitt. De förstår inte heller alltid de ord de använder i sina egna texter. Sammanfattningsvis skriver hon: "En stor del av eleverna, framför allt de lågpresterande, lyckas alltså inte skriva texter på ett sådant sätt att skrivande kan gynna deras lärande"[2].

---

[2] af Geijerstam, Åsa 2004: Skrivande i No-ämnet. En forskningsinventering och ett par svenska exempel. s.18

En undersökning av olika uppgifts-konstruktioner

Hur den språkliga bearbetningen är utformad har alltså en stor betydelse för vilken typ av lärande som man kan förvänta sig. I en amerikansk studie[3] undersökte man hur olika typer av uppgiftskonstruktioner leder till olika sätt att förstå den text man arbetar med.

Det mest intressanta resultatet av undersökningen är jämförelsen mellan den grupp som fått uppgifter inriktat mot detaljer och gruppen som inte fått några uppgifter alls att lösa efter att de hade läst texterna. Forskaren menar att man genom de lösryckta kortfrågorna, som ofta har till funktion att kontrollera att eleven har läst texten, styr elevernas uppmärksamhet mellan olika delar av händelseförloppet och mellan olika analysnivåer. Därför kan den här typen av skrivuppgifter faktiskt ha en negativ effekt på elevernas förståelse, eftersom frågorna förhindrar eleverna att skapa en sammanhängande föreställning av händelseförloppet. I jämförelse med gruppen som inte hade fått några uppgifter alls visade det sig nämligen att gruppen som fått kortfrågor presterade sämre resultat vid uppföljningen.

Frågor riktade till texter har ofta haft till funktion att kontrollera att eleverna har uppfattat texten korrekt, vilket dock många gånger leder till att försvåra textförståelsen. Vi ska i nästa kapitel återkomma till andra sätt att bearbeta

---

[3] Marshall, James D, 1987: The Effekts on Writing on Students´Understanding on Literary Texts.

texter. Dessa metoder bygger på vad vi idag menar oss veta om hur lärande går till, och där är det kollektiva samtalet och skrivande satt i fokus.

Interaktionen påverkar lärandet

Under 1900-talet har utan tvekan det mest vanliga sättet att organisera undervisningen varit genom katederundervisning. Katederundervisningens dåliga rykte har också en lång tradition bakom sig. Genom en omfattande klassrumsforskning har vi fått belägg för att ett sådant sätt att organisera undervisning försvårar elevernas möjlighet att delta i verkliga kunskapssökande samtal.

Det utmärkande för katederundervisningen är att den starkt reglerar hur samtalet förs i klassrummet, d.v.s. hur ordet fördelas mellan lärare och elever. En sådan undervisning kan beskrivas enligt följande grundmönster:

Läraren ställer en fråga

En elev svarar

Läraren värderar svaret

Sådana samtalsmönster innebär att läraren dikterar och reglerar vad som är relevanta samtalsämnen och på vilket sätt ordet fördelas mellan lärare och elever. Sådana samtalsmönster bidrar också till att elevens eget kunskapssökande blir satt på undantag.

Forskning har kunnat påvisa att den typ av testfrågor där eleven förväntas ge ett kortfattat svar har väldigt liten effekt om man vill utveckla elevers lärande. I klassrum som kännetecknas av en läromedelsdriven och lärarstyrd katederundervisning, bedrivs verksamheten i hög grad i tysta klassrum. I dessa miljöer är också talängslan utbredd.

Individualisering

Om skolan under sin drygt 170-åriga historia har kännetecknats av segregerade skolformer, som folkskola för underklassens barn och real-skola och flickskola för priviligierade klassers barn, så har grundskolan under sin drygt 50-åriga historia präglats av integrering, vilket har inneburit att elever med olika bakgrund har satts i samma klass.

När grundskolan genomfördes hamnade alla elever under samma tak. De problem man förutspådde skulle uppstå i de blandade klasserna tänkte man sig kunna lösa genom att undervisningen skulle individualiseras. Detta trodde man sig kunna genomföra med hjälp av speciellt utvecklade undervisningsmaterial som kunde anpassas till den enskilde individens behov och förmåga.

Satsningen på att utveckla speciellt undervisningsmaterial, som skedde från mitten av 1960-talet, var något som man trodde också skulle rationalisera utbildningen. Vid sidan av specialundervisningen såg man i den s.k. undervisningsteknologin lösningen på individualiseringsproblematiken.

Dessa populära och starkt USA-influerade undervisnings-program började göra sitt intåg i den svenska skolan från början av 1970-talet. De var upplagda med i förväg fasta inlärningsgångar som varje enskild elev kunde följa i sin egen takt. De kännetecknas av att undervisningsstoff bröts ned i små delar som det var meningen att eleven själv skulle kunna klara av.

Ett exempel var självinstruerande material som SIM-LÄSA ett arbetsmaterial som skulle användas för att eleverna skulle träna upp sin läsförmåga på högstadiet. Läromedels-paketet bestod av ett antal läshäften om olika ämnen och i olika svårighetsgrad med tillhörande frågor och facit. Eleverna kunde arbeta med dem i sin egen takt, och de var helt självgående. Ett exempel på hur det kunde se ut är hämtat från årskurs 8, svårighetsgraden på detta exempel var en av de enklaste. Texten är mycket kort och handlar om pass:

==

Vad är ett pass?

Ett pass är en bok, som man måste ha, när man reser utomlands. Passet innehåller bland annat ägarens fotografi, hans namn och födelsedatum. Där står också vilken färg man har på sina ögon och sitt hår. Passets ägare skall även skriva sin namnteckning i passet. I ett pass är texten inte bara på svenska. Den är även på franska, engelska och tyska.

Sedan följer ett utdrag ur ett uppslaget pass med ifyllda uppgifter om en fingerad person, och därefter följer åtta frågor till texten. Eleven ska välja vilket svar av de tre alternativen som är det rätta, och skriva in rätt bokstav i den medföljande arbetsboken. Därefter ska eleven rätta med facit och föra in sina resultat i en tabell. När eleven har nått ett visst resultat får han byta till nästa svårighetsgrad. Så här ser de tre första frågorna ut till texten:

===

Fråga 1 Vilken av dessa uppgifter finns i ett pass?

A. Ägarens ögonfärg

B. Ägarens vikt

C. Ägarens skonummer

Fråga 2 Vilken hårfärg har ägaren av detta pass?

A. Mörkblont

B. Brunt

C. Grått

Fråga 3 Hur lång är han?

A. 185 cm

B. 175 cm

C. 165 cm

===

Den här typen av material var naturligtvis själsdödande för de flesta elever. De stora förhoppningar man hyst till utbildningsteknologin avtog efter några år, inte minst mot bakgrund av att man inte lyckades ta fram material som kunde tillgodose att en verklig individualisering kom till stånd.

I läroplanen för grundskolan från 1994, Lpo 94[4], betonade man att undervisningen skulle placera individen i centrum. Eleverna skulle få ett större ansvar för sina studier och arbeta mer självständigt. Man ville att eleverna skulle ta ett större ansvar för det egna arbetet.

Tidigare var individualiseringen lärarnas pedagogiska ansvar. Med Lpo 94 försköts en del av ansvaret till eleverna. Betoningen av elevers ansvar att självständigt lösa uppgifter fick ett ganska stort genomslag ute i skolorna. Så rapporterade Monika Ågren[5] om en trend som ökat på de lägre stadierna i grundskolan. Det är en form av individualisering som innebär att eleverna planerar sin egen verksamhet med hjälp av planeringskort och arbetsscheman. Det inne-

---

[4] *LPO 94. Läroplan för det obligatoriska skolväsendet 1994*.
[5] Ågren, Monika, 1996: Kursplanen i svenska – ett barn av sin tid?

bär att eleverna själva bestämmer *när* de ska utföra de på förhand bestämda uppgifterna. Personligen har jag har undersökt ett annat individualiseringsfenomen, s.k. elevforskning[6]. Det innebär att elever enskilt eller i grupp självständigt väljer ett område som de vill fördjupa sig i. De redovisar sedan vad de funnit i s.k. forskningsrapporter.

En förklaring till det ökade inslaget av individualiseringstendenser i grundskolan var dels det ökade antalet åldersblandade grupper, dels att elever med olika behov av stöd kom att ingå i den ordinarie undervisningen, vilket var en följd av att specialundervisningsgrupper försvann. Dessutom kom en ökad andel elever med utländsk bakgrund in i skolan.

Eget arbete

Eva Österlind[7] har genomfört en studie där hon har följt undervisningen i två olika åldersblandade klasser (bestående av elever från år 4, 5 och 6). Hon konstaterar bl.a. att "eget arbete" har vuxit fram som ett svar på ett ökat individualiseringsbehov.

Inom ramen för "eget arbete" formulerar läraren de frågor eller uppgifter eleverna ska besvara eller lösa, och det är

---

[6] Nilsson, Nils-Erik, 2002: *Skriv med egna ord. En studie av lärprocesser när elever i grundskolans senare år skriver "forskningsrapporter"*.

[7] Österlind, Eva, 1998: *Disciplinering via frihet. Elevers planering av sitt eget arbete.*

han eller hon som bestämmer innehållet. Eleverna får bestämma *när* och *hur* uppgifterna ska lösas. Läraren får därmed en mer handledande roll. Eftersom varje elev arbetar med sina speciella uppgifter tvingas läraren att rikta sin uppmärksamhet mot de enskilda individerna. De övriga eleverna måste samtidigt kunna arbeta självständigt utan lärarens introduktion eller bedömning. Lärarens funktion blir därför i hög grad att formulera uppgifter.

För att uppgifterna inte ska reduceras till att elever enbart inhämtar fakta ur böcker utan utvecklar en förståelse ställs det stora krav på hur dessa uppgifter formuleras, menar Österlind. Om "eget arbete" verkligen leder till att eleverna utvecklar en förståelse och inte bara förmår redovisa faktakunskaper kan hon inte uttala sig om, eftersom syftet med hennes undersökning inte var att ta reda på vilken förståelse eller kunskap eleverna erövrar med detta arbetssätt.

Det är ganska uppenbart att disciplineringen läggs mer på eleverna själva. Österlind påvisar nämligen att formerna för social kontroll förändras när "eget arbete" blir en betydande del av verksamheten i undervisningen.

Pedagogikprofessorn Ingrid Carlgren[8] har också uppmärksammat hur "eget arbete" har trängt in i undervisningen på de lägre stadierna i grundskolan. Hon är tveksam till om eget arbete leder till ett lärande som utvecklar elevernas förståelse.

---

[8] Carlgren, Ingrid, 1994: Från klassundervisning till "eget arbete".

Elevforskning

Med Lpo-94 skrevs läraren fram som handledare. Den kunskapsförmedlande rollen som förknippats med katederundervisning ifrågasattes. I min avhandling, där jag studerade effekterna när elever självständigt bedrev s.k. forskning, visade det sig att lärarna på den skola där man bedrev elevforskning valde just handledarrollen. Lärarna gav uttryck för att de ville komma bort från den traditionella rollen i katederundervisningen, som innebar att läraren ställde frågor och eleverna bara återgav faktakunskaper ur läromedel.

Eleverna var fria att forska om precis vad som helst. Stort ansvar lades på elevernas egen förmåga att ta initiativ och planera sin verksamhet. Verksamheten skulle utgå från elevernas egna intressen, varför lärarna uppmuntrade eleverna att gå utanför de traditionella skolämnena inför valet av forskningsområden. Det leder till större frihet för eleverna när de själva får välja vad de vill forska om, menade lärarna. Då måste de också söka kunskaperna där de finns. Eleverna blir inte längre hänvisade till klassrummet utan de kommer att röra sig fritt, där de inte alltid kan kontrolleras. Denna frihet kräver ett större ansvarstagande från elevernas sida. Alla elever måste på detta sätt själva ta ett större ansvar för sin egen utbildning. Detta var en viktig utgångspunkt för lärarna.

Ofta satt elever enskilt eller i par och "forskade" kring ämnen som de oftast inte hade någon kunskap om sedan tidigare, vilket gör att förförståelsen är minimal, och därmed försvåras möjligheten att skapa någon förståelse om ämnet. Resultatet blev att de mest satt och skrev av fragment av olika typer av texter, många gånger utan att ens förstå innebörden i texterna. Att ur dessa fragmentariska texter konstruera förståelse blev i de flesta fall utsiktslöst, och det var de lågpresterande eleverna som missgynnades mest av arbetssättet. Det kan konstateras att reproduktionen egentligen bara hade bytt skepnad. Om elever tidigare återgav fakta genom att fästa ett av skolan bestämt kunskapsinnehåll i minnet, så fäste de i samband med forskningsarbetet ett av dem själva utvalt innehåll på papper.

När elever väljer att studera ett fenomen som de har begränsade kunskaper om, får de svårigheter att på egen hand formulera frågor som inte är triviala och ytinriktade. Resultatet blir därför ofta att eleverna formulerar en typ av kortfrågor som är inriktade mot faktauppgifter. Tidigare studier visar att inlärningsresultaten uteblir när undervisningen är uppbyggd kring kortfrågor.

Vad är det då som gör att elevforskning egentligen inte innebär att eleverna förmår att utveckla sin förståelse kring de texter de arbetar med? Eleverna arbetade med sina egna projekt, eventuellt tillsammans med någon eller några kamrater i självvalda grupper. Detta innebar att en gemensam bearbetning av kunskaper och erfarenheter ledd av läraren i syfte att utveckla elevernas förståelse blev svårt att genomföra.

Utantillärning och en undervisning som gick ut på att eleverna skulle pränta in lösryckta faktakunskaper dominerade den svenska skolan långt in på 1900-talet. Sådana imitationsmetoder fick ett starkt genomslag i folkskolan och realskolan, men samtidigt kritiserades dessa metoder då de leder till att elever blir passiva och osjälvständiga.

Så småningom kom läromedel att förses med frågor riktade till texterna, vilket hade till funktion att kontrollera att eleverna har uppfattat texten korrekt. Forskning visar samtidigt att frågor inriktade på detaljer tycks försvåra textförståelsen. Detsamma gäller för de samtalsmönster i klassrummet som domineras av lärarfråga – elevsvar – lärares utvärdering. Förklaringen till att inlärningsresultaten uteblev när undervisningen var uppbyggd kring ytinriktade kortfrågor, menar forskarna, ligger i att elevernas fokus då är inriktat på detaljer och att man därigenom begränsar elevernas möjligheter att minnas helheter. Genom att på detta sätt fragmentisera boksamtalet förhindrar man elevernas upplevelse av litteratur, menar forskarna.

Såväl "eget arbete" på de lägre stadierna som "elevforskning" riskerar att lämna eleverna åt sig själva i ett kunskapsarbete inriktat på att förstå. Det verkar dessutom missgynna framför allt de mindre studievana eleverna och elever med behov av olika former av extra stöd

2 SPRÅKETS BETYDELSE FÖR LÄRANDE OCH LÄRANDE I KOLLEKTIVA SAMMANHANG

Det kanske viktigaste intellektuella verktyget människan har utvecklat är språket. På samma sätt som människan har kultiverat den orörda naturen med hjälp av olika verktyg menar den ryske psykologen Lev S Vygotskij att språket "kultiverar" människan. Med hjälp av språket som verktyg utvecklas människans medvetande, menar han. Genom människans historia har man också utvecklat andra kulturella metoder som t.ex. att läsa, skriva, räkna, eller sätt att minnas. Att erövra kunskaper i skolan är till stor del en språklig verksamhet, och det är i skolan man lär sig sådana kulturella metoder.

Lärande kan beskrivas som en process där individens utveckling är beroende av samspelet med sin omgivning. Genom detta samspel förs kunskaper vidare till kommande generationer. Det är dock inte fråga om en process där kunskaper passivt tas emot av den som lär, utan ny kunskap *konstrueras* av varje enskild individ.

Individer deltar i många grupperingar där man samverkar och erövrar nya intellektuella redskap, idéer, teorier och begrepp. Att på ett kompetent sätt delta i den verksamhet som utvecklats i dessa grupper är en väsentlig del av lärprocessen. En del forskare menar att lärande primärt sker genom att delta i olika praxisgemenskaper. Andra forskare har uttryckt det som att bli medlem i "klubben av läsare och skrivare" när barn socialiseras in i skolans skriftkultur. Det är när barn identifierar sig med den kultur som råder, som de på allvar vill vara delaktiga i verksamheten och sträva efter att bli fullvärdiga medlemmar av "klubben". Det är i dessa sammanhang barnen kommer att utrustas med de olika intellektuella verktyg och handlingsmönster som de kommer att behöva i sin fortsatta utveckling.

I lärandesammanhang spelar språket en avgörande roll. Genom att aktivt använda språket i tal och skrift erövrar man nya kunskaper, med hjälp av språket får man också syn på sin egen förståelse av olika fenomen, med hjälp av språket förmedlas andras förståelse av världen, och med hjälp av språket i dialog med andra kan man utveckla den egna förståelsen genom att man får bryta det egna perspektivet på olika fenomen med andras.

Mening skapas i samspel med andra

När elever ges möjlighet att samspela med andra och ta del av vad klasskamraterna säger och skriver, får de redskap som gör det möjligt för dem att komma vidare i sitt eget tänkande. De kan då referera till vad andra anser i olika frågor, de kan opponera sig mot klasskamraternas ståndpunk-

ter och utveckla sina egna perspektiv. Den norska skrivfors-
karen Olga Dysthe pekar i sin bok *Det flerstämmiga klass-
rummet* på vad som stödjer elevers lärande. Det är skri-
vande och samtal med andra som är det grundläggande in-
lärningsredskapet:

- Genom att låta elever gå i dialog med varandra lär de sig att
uppfatta varandra som resurspersoner. Genom att ta det
eleverna säger och skriver på allvar och betrakta det som
tillskott i det gemensamma kunskapsbyggandet, förändras
elevernas syn på sig själva som tänkare och kunskapsbyg-
gare.
- Det är när elever får tillfälle att ge uttryck för olika stånd-
punkter som de kan ta spjärn mot varandra och utveckla
sina egna uppfattningar. Det är här som möjligheten till
elevernas kunskapsutveckling ligger, menar Dysthe. Läraren
måste också aktivt lyfta fram de tystas röster. Genom att
låta eleverna skriva innan man samtalar, genom att kopiera
ur loggböcker och andra texter kan läraren låta flera röster
komma till tals. Dysthe påpekar att en elevgrupp i hennes
undersökning ansåg att läsandet av vad de andra hade skri-
vit varit en av de viktigaste erfarenheterna.
- Det är i konfrontationen mellan de olika rösterna, de olika
perspektiven, som den enskilde eleven kan utveckla sitt
eget tänkande och finna sin egen röst. Lärarens roll blir att
tydliggöra var skiljelinjerna går, hur motsättningen ser ut,
så att eleverna kan ta spjärn mot de olika perspektiven och
ta en egen ställning i olika frågor.

Dialogisk undervisning

I motsats till monologisk undervisning, eller katederundervisning har s.k. dialogisk undervisning utvecklats. Det är en undervisning som kännetecknas av att hela klassen dras in i ett kunskapsutvecklande arbete. Det är ett kollektivt sätt att utveckla individernas kunskaper och förståelse av olika fenomen. Genom att tillsammans bearbeta texter av olika slag, som läromedelstexter, skönlitteratur, föreläsningar, film etc. fungerar läraren mer som en dirigent när han eller hon låter olika elever komma till tals i tolkningsarbetet av de olika texterna. Forskning har visat att sådan undervisning har en större inlärningpotential än traditionell undervisning, och sådan undervisning är inriktad mot att utveckla elevernas förståelse snarare än få dem att lära in lösryckta minneskunskaper. De redskap som har visat sig vara användbara i en dialogisk undervisning är *autentiska frågor, uppföljning* och *positiv bedömning av elevsvar.*

Autentiska frågor

När läraren ställer autentiska och öppna frågor (frågor som läraren inte vet svaret på) utmanar han elevernas uppfattning och tänkande. Frågar läraren "Vad anser du om ...?" eller "Kan du förklara hur du tänker om ...?" i stället för "När ...?" "Vad ...?" "Varför ...?" utmanar man elevernas föreställningar, och eleven kan inte bara upprepa vad som står i läroboken. Eleven tvingas i stället att använda de uppgifter som finns i läroboken, bearbeta dem och införliva dem i sitt eget tänkande.

Uppföljning

Genom att införliva elevens svar i nästa fråga visar läraren att han eller hon tar elevsvaren på allvar, och eleverna får tillfälle att fortsätta att reflektera kring samma tema: "Kristina anser att ... Tror du Martin att det förhåller sig så eller hur tänker du om detta?" Allt går naturligtvis inte att följa upp, men det som är relevant för ämnet och som leder framåt mot en större förståelse av det specifika temat ska naturligtvis välkomnas. Det är också genom den dialog som uppstår som vaghet, otydlighet och olika former av brister kan åtgärdas.

Positiv bedömning av elevsvar

Som alltid måste bedömningen vara specifik. Det räcker inte med att säga att något var bra. Eleven måste få veta mer precist vad som var bra: "Martin säger något mycket viktigt när han påpekar att ...". Här är det inte fråga om att kommentera vad som är rätt eller fel, utan läraren visar att elevsvaret är väsentligt och söker efter dennes tankar och idéer för att använda dem i den pågående dialogen.

Den dialogiska undervisningen har drag av riktiga dialoger, och forskning har visat att elever, när de får delta i en dialogisk undervisning, blir mer engagerade, eftersom läraren använder autentiska frågor och införlivar elevernas olika reaktioner i det fortsatta samtalet.

I den dialogiska undervisningen spelar också skrivandet en stor roll. Kortskrivande kring lärobokstexter, för att reflektera över innehållet i undervisningen, för att sammanfatta vad man har lärt sig kan användas av läraren för att eleverna ska få syn på hur andra elever tänker. Eleverna kan läsa varandras minitexter, de kan läsas upp högt, eller läraren kan välja ut några texter som han läser upp. Här får man tillfälle att befästa kunskaper och klargöra eventuella missförstånd.

Att använda kortskrivande inför diskussioner, där eleverna ges tillfälle att först samla tankarna kring ett tema genom att de får skriva ner sina funderingar, har visat sig vara fördelaktigt främst för flickor i miljöer där pojkar dominerar. I dialogiska klassrum försvinner också talängslan.

I de dialogiska lektionerna utgår läraren från vad eleverna faktiskt vet, och genom dialogiska former, som liknar en äkta konversation, modifieras eller utvecklas elevernas förståelse steg för steg. I dialogsekvenserna utvecklas ämnet på en mängd olika sätt. Forskning har visat att en sådan undervisning har en mycket positiv effekt på elevernas inlärningsresultat.[9]

Lärande i kollektiva sammanhang

Att arbeta i studiegrupper innebär att man sätter det kollektiva språkandet i centrum. Det handlar om att tillsam-

---

[9] Nystrand, Martin & Gamoran Adm, 1997: The Big Picture: Language and Learning in Hundreds of English Lessons.

mans bearbeta texter och rådbråka varandras tankar kring olika fenomen som man studerar.

För att också studiegruppens arbete ska utvecklas behöver deras röster få brytas mot de andra studiegrupperna. I den dialogen spelar läraren en oerhört viktig roll. Det är läraren som dirigerar samtalet, klargör de olika gruppernas ståndpunkter när det behövs, skickar vidare den första gruppens ståndpunkter till nästa grupp och låter dem reagera på vad den första gruppen sagt.

När röster får mötas och brytas på detta sätt i klassrummet visar man eleverna att man tar deras åsikter på allvar. Det innebär att elever blir mer motiverade att studera och lära sig nya saker, och inte minst viktigt, de kommer att skolas in i ett demokratiskt arbetssätt där man förstår att uppskatta andras ståndpunkter och åsikter, även om man inte delar dem.

Kollektivt arbete med elevtexter – skrivgruppen som exempel

Idealt kan en skrivgrupp bestå av fyra elever som träffas regelbundet för att diskutera varandras texter. Syftet med skrivgruppen är dels att förbättra de egna texterna som produceras under utbildningens gång, dels att hämta inspiration av varandras skrivstrategier och komma till en djupare insikt om sig själv som skribent.

Alla skribenter, oavsett vilken erfarenhet av skrivande man har, är känsliga för kritik. Särskilt sårbar är man när den egna texten fortfarande befinner sig i inledningsfasen. Då är det vanligt att skydda sig mot kritik genom att utveckla olika strategier. Man ursäktar sig ofta med att förklara att texten ännu inte är färdig. Responsgivaren hamnar i en sådan situation i ett mycket svårt läge och drar sig då för att ta upp brister i texten. För att arbetet i skrivgruppen ska bli meningsfullt, där konstruktiva diskussioner om texterna hamnar i centrum, måste deltagarna utveckla en trygg atmosfär. Deltagarna blir tryggare om alla vet vad som förväntas av dem. Alla utsätter sig för att lämna ut texter under tillblivelse, vilket i sig är trygghetsskapande eftersom alla så att säga sitter i samma båt.

Det är betydelsefullt att deltagarna betraktar varandra som konstruktiva läsare av de egna texterna, att avsikten både är att förbättra den egna texten och att komma till en djupare insikt om skrivandet över huvud taget. Genom arbetet i skrivgrupper lär sig medlemmarna av varandra hur man kan hantera olika typer av problem som man stöter på under skrivandets gång.

Diskussionen kring texterna måste vara konkreta och alla i skrivgruppen måste ha förberett sig noga. För att diskussionen ska kunna bli konkret är det också viktigt att alla i skrivgruppen är införstådda med i vilken fas texten som ska behandlas befinner sig. Det kan vara klokt att man kommer överens om vilka regler som ska gälla när skrivgruppen träffas för att arbeta.

Deltagarna i skrivgruppen ingår ett kontrakt med varandra om att ta allas texter på allvar. Det innebär att man måste förbereda sig noga, läsa varandras texter och kommentera dem skriftligt. När man blir deltagare i en sådan arbetsgemenskap kommer man också att utveckla sin egen skrivkompetens, därför att man tvingas att reflektera över skrivandets villkor ur en mängd olika aspekter.

Den som har skrivit en text bör ge en kortfattad beskrivning av i vilken fas texten befinner sig. Hur mycket texten har bearbetats bör framgå, liksom olika typer av problem som skribenten menar sig behöva få hjälp med.

Responsgivarna ska koncentrera sig på tre uppgifter. I ett första steg ska responsgivaren försöka sammanfatta texten. Detta fyller flera funktioner. Skribenten får då höra hur läsaren har uppfattat texten. Om respondenten har svårigheter att sammanfatta texten kan det tyda på att den ännu inte har en så tydlig struktur att detta är möjligt. Respondenten bör i så fall försöka lyfta fram de bärande tankarna i texten.

För det andra bör respondenten notera det som är intressant och bra i texten samt det som är osammanhängande eller oklart formulerat. I marginalen kan respondenten direkt skriva in frågor som man som läsare skulle vilja ha svar på, kommentarer och förslag på förbättringar. Slutligen skall respondenten svara på skribentens frågor som denne vill ha hjälp med.

I arbetet med texter måste man vara konkret. Ingen är hjälpt av svepande formuleringar. Därför är det viktigt att man tydligt markerar vad som är bra eller otydligt och försöker tydliggöra varför man tycker så. Genom att göra så kan gruppen gemensamt försöka hitta lösningar innan de rådfrågar handböcker och lärare.

Givetvis kan du som förälder också ge respons på ditt barns texter. Du bör dock begränsa dina kommentarer till några få områden:

- Låt barnet läsa upp sin text för dig.
- Ge beröm, men var konkret: Det här tyckte jag var intressant, spännande, roligt, dråpligt, sorgligt etc.
- Ställ frågor: Det här förstår jag inte. Hur menar du med det här? Vem är den här personen, vad har han för bakgrund? Vem skriver du för, vem/vilka ser du som dina läsare? Etc.

Kollektivt skrivarbete

Att låta elever tillsammans skriva texter innebär att de dels får möjlighet att lära olika skrivstrategier av varandra, dels att man därigenom skapar en situation där responsarbetet blir en naturlig del av arbetet. Kollektivt skrivarbete behöver inte nödvändigtvis innebära att eleverna författar texten gemensamt.

Genom att låta eleverna i små grupper inledningsvis berätta för varandra om något roligt, något sorgligt, eller något dramatiskt som de upplevt får kamraterna i responsgruppen en första, muntlig version av berättelsen innan eleverna sedan skriver ner sin berättelse.

En lärare som arbetat på detta vis rapporterade hur eleverna i sina responsgrupper kunde ge en mycket mer konkret respons på det första skrivna utkastet, eftersom de först hade fått höra en muntlig version av samma berättelse. Hon berättade om hur en pojke i sin grupp hade berättat en dråplig historia som hade väckt stor munterhet. När han sedan skrev ner den blev det inte mycket kvar av det som hade roat gruppens medlemmar. Genom responsen kunde kamraterna påminna honom om vad han hade berättat och ge det stöd han behövde så att han fick ner det på papper. Responsgruppen kom på detta sätt bli det forum där man faktiskt diskuterar varandras skrivna texter på allvar.

Utredande och argumenterande texter kan med fördel skrivas av gruppen tillsammans. Insändare kan många gånger stimulera elever till att på allvar ta itu med olika typer av problem. Skrivelser till skolledning och andra myndigheter kan också vara utmärkta sätt för eleverna att få skriva på riktigt till riktiga mottagare. De behöver naturligtvis få stöd i detta skrivande av sina lärare. Dels handlar det om att hjälpa dem att hitta relevanta sakuppgifter, och här kan flera lärare samarbeta beroende på vilka faktauppgifter eleverna behöver få hjälp med att hitta, dels om att hitta en ton som passar för ändamålet.

Läsloggen

För att elevernas egna upplevelser och egna tolkningar av litteratur ska komma till uttryck är det väsentligt att eleverna på olika sätt tillsammans aktivt får bearbeta sina läsupplevelser. Det är först när man ges tillfälle att ge uttryck för sin uppfattning, skriftligt eller muntligt, som man också får syn på denna uppfattning. När samtliga elever får mötas och ge uttryck för sina ståndpunkter kommer de steg för steg att bli modigare och våga stå för sina åsikter. Genom att få möta andras uppfattningar får eleverna också möjlighet att ändra eller finslipa sina egna ståndpunkter.

Läsloggen som redskap har visat sig vara ett bra instrument när det handlar om att få elever att reflektera över sin egen läsning. Syftet med läsloggen är att eleverna under läsningens gång ska ges möjlighet att stanna upp och reflektera över vilka tankar och frågor som väckts under läsningens gång. Ibland instrueras eleverna att ur boken plocka ut citat som de funnit starka, intressanta, tankeväckande eller som de ställer sig frågande inför för att sedan kommentera citaten. Man kan också med fördel låta eleverna formulera frågor eller ta fram citat som de vill att man ska diskutera i klassen.

Att arbeta med läsloggar handlar till del om att eleverna ska få syn på sina egna tankar och tolkningar kring det lästa. Läsloggen kan också vara ett bra instrument för att fördjupa sin förståelse av en text. Genom att låta eleverna i grupper få läsa varandras läsloggar och diskutera dem får de dessutom syn på hur andra har tolkat och förstått den text man har läst.

Läsloggen har nog mest använts i samband med skönlitterärt läsande, men även när det gäller läromedelstexter fungerar läsloggen utmärkt som instrument för att bearbeta text. Man kan låta eleverna skriva ner sådant som de vill få förklarat, sådant som de tycker är intressant och som de vill diskutera, sådant som de ställer sig tveksamma till och annat som kan vara av intresse. Sedan kan läraren be dem skicka in sina loggar till läraren via e-post eller en lärplattform någon dag innan, för att läraren ska kunna sammanställa dem. Genom att visa elevernas läsloggar på en bildskärm så att alla kan se varandras reflektioner kan läraren tillsammans med eleverna kommentera, reda ut och diskutera den aktuella texten. På det här sättet kommer elevernas egna reflektioner att hamna i centrum, vilket också får till följd att eleverna upplever att deras funderingar tas på allvar. På det här sättet blir det inte någon annans frågor på texten som står i fokus.

Fusklappsmetodik

I ett försök att komma bort från de traditionella frågorna till läromedelstexter och olika former av reproducerande inslag, diskuterade jag med lärarna på en högstadieskola där jag var rektor hur vi skulle kunna angripa det problemet. Vad som framför allt föresvävade mig var att det borde vara elevernas respons på läromedelstexten som skulle stå i fokus, inte lärarnas eller läromedlets frågeställning, och vi skulle utnyttja eleverna som kollektiv i språkarbetet kring texterna. Alltså ungefär som när man läser en text utanför skolans sammanhang, där man söker information om något för att man vill veta och förstå detta, och har vi tillgång till andra som läst samma text så faller det sig naturligt att vi diskuterar med varandra för att tydliggöra innehållet.

Det var i samband med dessa diskussioner som fusklapps-metodik som begrepp introducerades. Jag kom efter dessa diskussioner att utarbeta ett förslag till arbetsgång som jag ville att vi skulle testa i några klasser. Syftet med upplägget var att eleverna på olika sätt skulle få bearbeta en text, och eleverna skulle göra det både enskilt och i grupp.

I ett första steg skulle eleverna enskilt sammanfatta ett av-snitt i en lärobok på ett halvt A4 ark. Detta skulle sen få fungera som en fusklapp. I nästa steg skulle de med hjälp av fusklappen berätta för föräldrarna vad läxan handlade om. Nästa lektion skulle eleverna delas in i grupper om cirka fyra elever i varje grupp och läsa varandras fusklappar. I grupperna skulle de sedan få diskutera fusklapparnas inne-håll för att klargöra otydligheter och reda ut sådant man inte förstått. Därpå skulle ett skriftligt prov följa. Där skulle de inte längre få använda sig av sina fusklappar.

En lärare på skolan genomförde försöket med elever i års-kurs 9. Läraren gav eleverna en läxa i historia med ett efter-följande skriftligt läxförhör. Det övergripande syftet med upplägget var att få till stånd ett ökat språkande kring den text som de hade fått i läxa.

För att få en uppfattning om hur eleverna uppfattade sättet att förbereda läxförhöret intervjuades två pojkar. De berättade att de fick skriva sina fusklappar på lektionen. Några hade dock valt att göra det hemma. Dagen efter delades de in i grupper som läraren hade bestämt på förhand. Då fick de sitta ner och läsa varandras fusklappar.

En av eleverna förklarade att i deras grupp var det en del som bara hade skrivit stödord. Därför valde de att utifrån stödorden berätta för varandra. På det sättet blev det en mer sammanhängande framställning. I den andra elevens grupp läste de upp vad de hade skrivit. I den gruppen diskuterades vad de tyckte var viktigt och vad de trodde skulle kunna komma med på läxförhöret. Eleverna bidrog på så sätt med olika uppgifter som sammantaget gjorde att man fick en fördjupad bild av det avsnitt de studerat.

De båda intervjuade eleverna var överens om att man lär sig mer när man får förbereda sig genom att skriva ner fakta på det här sättet. Eleverna poängterade också att man lär sig mer när man sammanfattar läromedelstexten och skriver med egna ord. De påpekade dessutom att det var värdefullt att de hade fått diskutera i gruppen, för då lärde man sig ännu mer.

Båda eleverna var eniga om att det här sättet att bearbeta texter är bra eftersom man lär sig betydligt mer, och de rekommenderade att man borde sprida det till fler ämnen, även om de påpekade att man kanske inte kan tillämpa det i alla sammanhang.

Skillnaden mellan tankeskrivande och kommunikativt skrivande

Det övergripande syftet med tankeskrivandet kan man säga är att genom skrivandet få syn på sina tankar, för att därigenom för sig själv klargöra det som endast ännu är vagt och ostrukturerat. Man kan också genom skrivandet i den här fasen förklara teorier och komplicerade samband som man hämtar från litteratur man studerar. Det är också genom tankeskrivandet som man både kan få nya idéer och utveckla dem.

När man skriver i denna fas är det processen som är viktig. Det innebär att texten kan bli ostrukturerad och präglas av ett informellt språkbruk. Oklarheterna kan vara många. Det är inte ens säkert att man själv riktigt kan förklara för någon annan vad man har skrivit.

Ett bra sätt att upptäcka brister i sin egen text, att leta efter oklarheter, tvetydigheter och missförstånd är att läsa partiet högt för någon annan. Här kan du som förälder spela en betydelsefull roll. Du ska i det här sammanhanget bara lyssna och se intresserad ut. Ofta upptäcker skribenten då själv den här typen av oklarheter och kan då fortsätta att bearbeta texten och reda ut sina tankar.

För den ovana skribenten är det inte ovanligt att betrakta tankeskrivandet som det egentliga skrivandet. Man är inte riktigt medveten om skillnaden mellan tankeskrivande och kommunikativt skrivande. En förklaring kan vara att man som läsare vanligtvis endast möter färdiga texter och inte har tillgång till den process som har föregått slutprodukten. Under den processen möter vi nämligen ett textarbete som ofta har karaktär av just tankeskrivande. För att textmassan som har tillkommit under tankefasen skall kunna utvecklas till en kommunikativ text måste den bearbetas på textens alla nivåer.

Ersätt enskilt arbete med arbete i kollektiva former

"Eget arbete" och liknande arbetssätt utsattes också för kritik i Skolverkets rapport *Nationella kvalitetsgranskningar 1998*. Man menade att elever inte ges möjlighet att utveckla sitt läsande och skrivande i olika ämnen, eftersom sådana arbetssätt ofta leder till tysta klassrum, och för att eleverna ska utveckla sin läs- och skrivkompetens förutsätts dialogiska klassrum.

Det finns starka skäl att ifrågasätta en individualisering som kännetecknas av ensamarbete. Om det sker någon kunskapsutveckling i sådana sammanhang är tveksamt. Istället är det, som flera studier visar, i lektioner som kan karakteriseras som dialogiska som undervisningsresultaten blir positiva.

För att bryta den mycket vanliga trenden med ensamarbete och i stället utveckla dialogiska klassrum förutsätts kollektivt arbete i mycket högre grad än vad som är vanligt. Om läraren i klasser med många elever ska kunna stödja deras kunskapsutveckling är det också nödvändigt att undervisningen i hög grad bedrivs i kollektiva former. Det är då man kan formulera frågor och problem gemensamt. Det är i sådana situationer som olika elevröster kan brytas mot varandra, vilket stimulerar elevernas tänkande och språkliga utveckling. Därigenom blir det möjligt för lärare och kamrater att tillsammans diskutera och reda ut problem som dyker upp, förklara komplicerade saker för varandra och utmana invanda föreställningar.

När den ideologiska betoningen av individen leder till att man i skolan utvecklar olika typer av individualiseringsprogram framstår det som att man ser heterogeniteten som ett problem i stället för en möjlighet. Det är dock just i olikheten som en potential finns, eftersom olika människor med olika bakgrund kan bidra med olika perspektiv på världen.

Det har blivit alltmer uppenbart att olika språkliga aktiviteter som stimulerar lärandet i skolan måste få en betydligt större plats i undervisningen. Att språkligt bearbeta det vi får kunskap om innebär att vi medvetandegörs om verkligheten och därmed kan göra den till föremål för vårt tänkande.

I skolan har eleverna en stor fördel jämfört med när de på egen hand försöker förstå fenomen som de ännu inte riktigt har fått grepp om. Genom kamrater och lärare blir eleverna medvetna om andra människors perspektiv och hur de förstår det som för tillfället studeras. Med hjälp av böcker, filmer, tidningar, teater, studiebesök, intervjuer och andra källor kan eleverna tillsammans bygga upp och stärka sin förståelse av olika fenomen. Hur dessa texter och upplevelser bearbetas har betydelse för hur eleverna kommer att utveckla sin kunskap. Jim Cummins, andraspråksforskare från Canada, har uttryck detta faktum på följande sätt:

"Det är när elever talar och skriver om ett ämne – när de använder språket tillsammans med andra – som de lär sig om både världen och språket."[10]

Som förälder har du en viktig roll att spela i barnens kunskapsarbete. Att ta dig tid att lyssna och fungera som dialogpartner är oerhört betydelsefullt. Du ska inte heller behöva läsa läxorna och ställa en mängd innehållsfrågor, utan låta barnen vara motor i samtalet. Mer om detta i nästa kapitel.

---

[10] Cummins, Jim i förordet till Pauline Gibbons bok, 2006: *Stärk språket stärk lärandet – Språk och kunskapsutvecklande arbetssätt för och med andraspråkselever i klassrummet.*

3. FÖRÄLDRAR HAR EN VIKTIG ROLL I BARNENS UTBILDNING

Föräldrar har många gånger endast en vag uppfattning om vilken roll de kan spela i de egna barnens utbildning. Nedan följer en genomgång som visar vilken betydelsefull roll föräldrar spelar. Här diskuteras också hur man kan stötta sina barn i deras läxläsning.

Hemmets läroplan

Sedan länge har det varit uppenbart att hemmet som faktor är betydelsefullt för hur elever kommer att prestera i skolan. Man har då bl.a. pekat på att föräldrarnas egen skolbakgrund skulle vara en viktig faktor för barnens möjlighet att nå skolframgång. I USA har forskning om hemmets roll preciserats och gett både lärare och föräldrar verktyg som ger dem bättre möjligheter att stötta sina egna barn. Redan på 1980-talet presenterades forskning i USA som visade att barnets socioekonomiska bakgrund inte alls var den viktigaste faktorn när det gäller möjligheten till att nå framgång i skolan. Föräldrarnas utbildning, yrke, ekonomi, status o.s.v. är inte de avgörande faktorerna för hur barnen ska lyckas i skolan, menade man.

Professor Herbert J Walberg[11] använde begreppet "the curriculum of the home" (hemmets läroplan), för att mer precist identifiera vad i familjebakgrunden som är betydelsefullt när det gäller skolframgång. Hemmets läroplan består av beteenden och attityder som är betydelsefulla för ett barns utbildning genom hela skoltiden. Föräldrarnas attityder och beteenden formar barnens känsla av kontroll över sina liv, sina förväntningar på sig själva och sina vanor av lärande. De beteenden och attityder Walberg har identifierat som betydelsefulla och som ryms inom begreppet hemmets läroplan är följande:

- föräldra – barn samtal om vardagliga händelser
- uppmuntran och diskussion av fritidsläsning
- uppsikt över barnens Tv-tittande och gemensamma analyser av olika program
- omedelbara belöningar undviks och skjuts upp för att istället uppnå långsiktiga mål
- visa uppskattning och intresse för barns kunskapsmässiga och personliga utveckling.

Walberg kunde påvisa att elever vars föräldrar deltog i olika program, där syftet var att påverka hemmets läroplan, presterade bättre resultat än vad motsvarande elever i kontrollgrupperna gjorde. Han konstaterade också att påverkan på hemmets läroplan i genomsnitt visade sig ha dubbelt så bra effekt på resultaten som den socioekonomiska

---

[11] Se Reddings, Sam, 1992: Family Values, the Curriculum of the Home, and Educational Productivity.

statusen, och en del program hade upp till tio gånger så hög effekt.

En annan studie[12] visar att det är föräldrars förväntningar och ambitioner som har den största effekten på barnens resultat när de har undersökt huvudkategorin hemmet. Ett väsentligt syfte med föräldrasamarbete är därför att skapa en större enhetlighet mellan skolan och hemmet, så att inte barnen ska behöva uppleva att skola och hem är två skilda världar. I studien konstateras att bristande kommunikation mellan skolan och hemmet riskerar att hindra föräldrarna att hjälpa barnen till goda studieprestationer.

En kvart om dagen

Ett bra exempel på hur god kommunikation mellan skolans lärare och föräldrar leder till goda resultat spreds i Sverige från omkring mitten av 1980-talet bland lågstadielärare. Det var en metod för att förbättra läsutvecklingen. Metoden kom att kallas "En kvart om dagen". Det gick enkelt uttryckt ut på att elever skulle ta hem en bok och läsa högt för sina föräldrar en kvart om dagen.

Idén kom från England där två forskare hade genomfört en undersökning i slutet av sjuttiotalet.[13] Resultatet av denna studie visade att det var speciellt en faktor som var starkt

---

[12] Hattie, John, 2009: *Visible Learning: a synthesis of over 800 meta-analyses relating to achivement.*
[13] Se Nilsson, Nils-Erik, 2016: *Språkets betydelse för effektivt lärande. Forskningsbaserad undervisning.*

kopplad till läsförmåga, nämligen om en förälder regelbundet lyssnade till när barnet läste högt – inte om hon läste för barnet utan om hon lyssnade till barnets läsning. Skillnaden i läsförmåga mellan gruppen barn som hade föräldrar som lyssnade till deras högläsning och de som inte lyssnade till sina barn var mycket stor.

Forskarna konstaterade att tidig läsförmåga är mycket viktigt om man ska nå framgång under sin skoltid. Vidare konstaterade de att föräldrastöd i form av att lyssna till sina barns högläsning förbättrades barnens läsförmåga avsevärt, och det kunde observeras hos barnen oavsett hur läsförmågan såg ut när försöket startades.

De slutsatser de drog av sin undersökning var:

- I innerstadsskolor med mångkulturell befolkning är det både möjligt och praktiskt genomförbart att involvera nästan samtliga föräldrar i formella utbildningsaktiviteter med förskolebarn och förstaårselever, även om föräldrarna inte är läskunniga eller engelsktalande.

- Barn som får föräldrarnas hjälp har en betydligt bättre läsförmåga än jämförbara barn som inte får den hjälpen.

- De flesta föräldrar uttryckte stor tillfredsställelse när de fått vara involverade på detta sätt. Lärarna uppgav att barnen visade en ökad iver för lärande och ett bättre uppförande.

- Lärarna som deltog i föräldrasamarbetet rapporterade att de funnit samarbetet värdefullt, och de fortsatte att engagera föräldrar i de efterföljande klasserna efter att försöket hade avslutats.

- Samarbetet mellan lärare och föräldrar var effektivt för alla barn, oberoende av vilken nivå läsförmågan låg på när undersökningen påbörjades, inklusive de barn som i början av studien hade misslyckats med att lära sig läsa.

- Det faktum att en del barn läste för föräldrar som inte själva kunde läsa engelska, eller i några fall inte kunde läsa alls, utgjorde inget hinder för dessa barn att förbättra sin läsförmåga. Det utgjorde inte heller ett hinder för föräldrarna att samarbeta med skolan.

Belfield Community School

På försommaren 1985 besökte jag och en kollega en av de skolor i England som var bland de första att anamma de forskningsrön som visade att barns högläsning för föräldrar har så positiv effekt på läsutvecklingen. Det vi var mest intresserade av var hur de lyckades få med sig en majoritet av föräldrarna, särskilt med tanke på de förutsättningar som förelåg.

Skolan som vi besökte, Belfield Community School, ligger i Rochdale cirka 3 mil utanför Manchester. Vid vårt besök låg arbetslösheten i Rochdale på cirka 40 %. Belfield som är en förort till Rochdale hade en betydligt högre arbetslöshet, omkring 60 % enligt skolans rektor, dessutom många sociala problem i form av skilsmässor, hög kriminalitet och en boendesituation som närmast kunde karaktäriseras som slum.

När vi följde en av lärarna på hennes föräldrabesök fick vi en bättre bild av Belfield. Bara några kvarter från skolan kom vi in i ett bostadsområde där förfallet var långt gånget. Vi åkte genom området som nästan verkade övergivet och egentligen borde ha varit det. Endast gardiner i fönstren skvallrade om att människor bodde där. På flera ställen var fönster sönderslagna och på andra var fönster förspikade med brädor och hönsnät.

Under hembesöket fick vi tillfälle att prata med fadern i huset om hur läsningen konkret gick till.

Mr Hamidan kom från Pakistan till Storbritannien 1970. Han och hans fru tog hjärtligt emot oss och bjöd genast på te. Själva tog de inget då vi kom mitt i ramadan som är deras fastemånad.

De hade fyra flickor. Den äldsta flickan var nio år. Tre av dem gick på Belfield Community School. Till familjen hörde också Mr Hamidans far som var 73 år och led av Parkinsons sjukdom och därför krävde daglig tillsyn. Mr Hamidan var arbetslös sedan fyra år tillbaka och hade skött fadern sedan dess.

Läraren som vi följde berömde flickorna väldigt mycket och Mr Hamidan sken av glädje och berättade att han tyckte att det var fantastiskt att lärarna kom och besökte dem. Det skapar ärlighet och förståelse, sa han. Det märktes att han var tacksam över skolans och lärarnas insatser. Han berättade att den äldsta flickan ville bli lärare och att hon brukade hålla skola med de yngre syskonen.

Vi frågade hur det gick till när han läste med barnen. Han berättade att han brukade stiga upp klockan sex på morgonen och be. Han var strängt religiös, påpekade han. Sen väckte han barnen och lät dem läsa för honom. Ibland försökte han själv läsa lite på sin brutna engelska, men hans dotter rättade honom hela tiden, sa han och skrattade ursäktande.

Beryl Page, som ledde läsprojektet vid skolan, menade att det var skolans ansvar att ta initiativ till samarbete. Föräldrarna vill hjälpa sina barn med skolarbetet, de väntar bara på ett initiativ från lärarnas sida, påpekade hon.

Att det finns ett tydligt positivt samband mellan föräldrarnas aktiva lyssnade till sina barns högläsning och läsutveckling är uppenbart. Men hur ska vi förstå detta?

Genom den tidiga läsningen, där föräldrarna läser högt för sina barn, uppmärksammas barnen på att läsning handlar om att ur text hämta mening; fokus är på den meningsbärande funktionen. När barnen får läsa högt för föräldrar står också det meningsbärande i fokus. Fokus ligger inte i första hand på färdigheten att läsa, utan på det meningsbärande innehållet. Barnen får visa att de håller på att bli fullvärdiga medlemmar i klubben av läsare. I och med högläsningen ges de dessutom tillfälle att få visa föräldrarna vad de sysslar med i sin skolvardag. När föräldrarna på detta sätt visar dem sin uppmärksamhet signalerar de också att skolan och den verksamhet barnen är inbegripna i där är viktig.

De forskare som drog igång forskningsprojektet, som ledde till att barnen läste högt för sina föräldrar, har på ett övertygande sätt visat att man efter det att barnen börjat skolan kan påskynda och effektivisera läsutvecklingen, om man från skolans sida förstår att ta tillvara föräldrar som resurs i detta arbete.

Läxor och hemuppgifter

I första kapitlet kunde vi se hur den katekesiska metoden med frågor och svar kom in i läromedel. Eftersom memoreringsövningar kunde genomföras i hemmet fick den typen av läxor en stor plats. Med grundskolans genomförande följde en förändrad syn på läxor. Synen på utantilläxor förändrades, och man påpekade att alla inte har förutsättningar att klara utantilläxor och uppmanade till återhållsamhet. Man påpekade dessutom att merparten av arbetet skulle ske i skolan. I den nuvarande läroplanen kommenteras över huvud taget inte läxor.

En studie[14] visar att yngre elever har svårigheter att på egen hand klara av självständiga arbetsuppgifter. De har också svårigheter att skilja på vad som är väsentligt respektive oväsentligt i en text. Att inte klara av att lösa uppgifter som man har fått i läxa kan leda till en negativ spiral, där misslyckandet leder till bristande motivation. Hur läxor är utformade är därför betydelsefullt.

Det är inte ovanligt att läxor skapar konflikter i hemmen. Som förälder vet man inte hur man ska förhöra barnen. Man har själv under sin skoltid ofta fått lära sig andra saker och på andra sätt än vad de egna barnen får göra. Att då efter arbetet komma hem och sätta sig in i en text som man kanske har svårigheter att förstå och inte vet hur förhöret ska gå till gör det problematiskt. Många upplever detta som frustrerande och anser att lärandet borde vara skolans sak, eftersom lärare har utbildning och är avlönade för att utföra detta arbete.

I en blogg om läxor har en lärare skrivit om sina tankar kring läxor. En förälder har kommenterat hennes inlägg på följande sätt:

Detta var nog det bästa jag läst på länge!
Vi har 4 barn med ca 4 läxor var i veckan. De är 9, 9, 11 och 13. Alla läxor är en repris eller glosor

---

[14] Hattie, John, 2009: *Visible Learning: a synthesis of over 800 meta-analyses relating to achivement.*

som ska göras. 2 av barnen har lätt för sig i skolan men två har det ganska tungt. Häromdagen fick vår 13-åring ett mattehäfte på 10 sidor det skulle vara klart på onsdag. Han undrade själv om det var för att han är dålig i matte (och vi vuxna började ju undra hur mycket han missat). Vår nioåring har läs- och skrivsvårigheter och det är MYCKET som vi läser och räknar (lästal) ikapp hemma. Det är mycket ångest och tårar för att kämpa oss igenom en liten läsläxa och det känns inte som den rätta vägen. Häromdagen skrev jag 90 % av hans läxa och han fick istället berätta för mig och måla. Hans lycka var total. Äntligen hade han något att hänga upp på väggen som någon kunde läsa. Den här veckan har jag läst hans läsläxa så många gånger att han kunde memorera första sidan av de fyra som tillhörde läxan vilket gjorde att han idag kunde vara med i klassen och känna gemenskap. Idag var han superlycklig när han kom hem och berättade om läxläsningen. Men min ständiga ångest är ju om jag som förälder verkligen gör rätt.[15]

Tyvärr tror jag inte att hennes reaktion är unik. Allt för många föräldrar vet inte hur de ska hantera läxor. En del föräldrar lägger ner massor med tid och gör ibland läxorna åt barnen, och barnen blir förtvivlade när de måste ta hem arbeten för att hinna ikapp.

---

[15] Inlägget är hämtat från bloggen korlingsord.se. Läxor – vad, varför, hur och när. Responsen av Maria [2015-05-15]

Skolan och lärarna måste diskutera och göra klart för sig själva vad man menar med läxor, och vad syftet är med läxor. Lärare i olika ämnen har olika uppfattning om vad en läxa är och vilket syfte man har med läxor. På samma sätt skiljer sig uppfattningen om läxor hos elever och föräldrar. Av lärare borde man kunna förvänta sig att de ska vara väldigt tydliga när de förklarar för eleverna vad syftet är med läxan och hur de kan lösa den. På samma sätt måste lärarna informera föräldrar om syfte och genomförande, och inte minst vilken roll föräldrar kan ha. Om samarbetet mellan skolan och hemmet utvecklas kring hemuppgifterna skapas förutsättningar för att eleverna ska lyckas bättre med sina studier.

Undersökningar visar att effektiviteten ökar och förbättrar studieresultaten om samarbetet kring hemuppgifter utvecklas. Resultaten kan sammanfattas i följande punkter:

- Det är värdefullt att ha regelbundna hem-uppgifter

Ett mycket bra exempel är läsprojektet "En kvart om dagen". Att skapa en rutin kring läsningen på bestämda klockslag är värdefullt för såväl barnen som föräldrarna. En kvart om dagen, måndag till fredag, där barn och föräldrar umgås på ett positivt sätt kring läsning är oerhört värdefullt. Det är lika viktigt att skapa rutiner kring läxor högre upp i åldrarna. För att man som förälder ska veta när barnen har läxor och vad de har i läxa måste man få ett läxschema från skolan. Det är skolans ansvar att se till att arbetsbelastningen blir rimlig.

- Läxorna ska vara av sådan art att eleven framgångsrikt kan klara av dem

Om man som förälder upplever att barnet inte klarar av att göra läxorna behöver man ta upp det med läraren.

- Läxorna ska granskas och kommenteras av läraren

Kommentarerna ska syfta till att utveckla elevers lärande. Läraren kan genom diskussion tillsammans med eleven bedöma hur denne har löst uppgiften och hur eleven kan gå vidare.

- Föräldrarna måste känna till avsikten med hemuppgifterna

Vi såg i ovanstående inlägg från fyrabarnsmamman hur hon uttrycker sin ångest om hon gör rätt. Har inte läraren diskuterat med dig som förälder om syftet med läxor kan det få sådana konsekvenser. I sådana fall behöver man ta upp det med läraren.

- Föräldrar måste få hjälp med hur man förhör läxor

Skolan kan inte förvänta sig att du som föräldrar ska kunna sätta dig in i alla de ämnen barnen studerar och förhöra dem på läxor. Ett föräldramöte kan användas för att exemplifiera och diskutera hur man kan förhöra läxor. Det är också viktigt att poängtera att man inte hjälper barnen om man som förälder gör barnets läxa.

Några allmänna råd om hemuppgifter

Att läsa en novell hemma, ett kapitel i en roman och skriva ner sina funderingar, frågeställningar och sina "likes" fungerar bra som underlag för en diskussion i grupper och i klassen. Då är det barnets egna funderingar och reaktioner på det lästa som hamnar i fokus. Som förälder kan du be barnet att läsa upp dessa funderingar för dig.

På liknande sätt kan man arbeta i andra ämnen med en läslogg. Om eleverna får skriva ner sådant som de inte förstår, sådant de tycker är intressant och sådant de vill diskutera bearbetar de texten på djupet. Finns det möjlighet är det värdefullt om eleverna skickar in sina funderingar till läraren innan lektionen så att läraren kan synliggöra klassens funderingar på en duk.

Om ditt barn skriver en läslogg behöver du som förälder inte ge dig i kast med att läsa läxan. Lyssna på vad han eller hon har skrivit och ställ frågor på det du tycker låter intressant, inte riktigt förstår eller låter konstigt. Det avgörande är att barnen/ungdomarna behöver få formulera sig i tal eller skrift för att få syn på sina tankar. Då skapar de tanke-reda när de måste formulera sig. Är det ett svårt ämne kan resultatet bli osammanhängande, eftersom det är första gången som de hör sina egna tankar om ämnet i fråga. Med hjälp av en lyssnande förälder får de möjlighet att testa sina tankar på denne. Här har du som förälder en viktig roll. Glöm inte att uppmuntran och beröm ökar motivationen hos ditt barn.

Tidigare presenterade jag arbetet med fusklappsmetodik. Att låta barnen sammanfatta texter de har i läxa med hjälp av stödord, illustrationer och annat som fungerar som stöd för minnet och sedan uppmana dem att berätta, beskriva och förklara uppgiften för dig som förälder har samma funktion som när föräldrar på lågstadiet lyssnar till barnens högläsning.

Som förälder ska du inte själva behöva läsa igenom texten, utan det är eleven som ska berätta och förklara. Föräldrar ska vara uppmuntrare, nyfikna och intresserade lyssnare. Det är väsentligt att barnen får berätta klart, och att man som förälder först efteråt ställer frågor på sådant som man inte förstod. Då tvingas barnen att omformulera sig eller gå tillbaka till boken och reda ut det de ska förklara.

Här följer några förslag som du som förälder kan göra för att stimulera ditt barns hemarbete:

- Kom överens om en tid när hemuppgifterna ska gö-ras.

- Kom överens om när du som förälder ska diskutera hemuppgiften med ditt barn. Anslå en bestämd tid, 15-30 minuter, beroende på uppgiftens art.
- Om ditt barn inte har någon läxa kan det vara klokt att anslå en bestämd tid, 15-30 minuter, då ni kan diskutera en text ni båda har läst, en film ni sett, eller nyheter ni tagit del av. Låt barnet vara motor i diskussionen. Utgå från hur barnet funderar kring olika fenomen: Vad tänker du om ...? Hur reagerar du på ...? Etc.
- Inled med att ge beröm när barnet har berättat och förklarat det han/hon har haft i läxa: Vad roligt att få höra om det här. Var konkret med att tala om vad du tyckte var bra, intressant, sorgligt, etc.
- Uppmana gärna barnet att sammanfatta sin läxa med hjälp av stödord, som han/hon kan titta på i samband med redogörelsen för dig.
- Notera några detaljer som ditt barn har berättat och berätta hur du har reagerat: Det där var intressant, det visste jag inte. Vad spännande. Tänk att det var på det viset på den tiden. Etc.
- Det där förstod jag inte. (OBS! att det är du som inte förstår). Hur menar du? Kan du förklara på något annat sätt.

4. FÖRSLAG TILL DISKUSSIONSFRÅGOR

Tag kontakt med andra föräldrar i ditt barns klass och föreslå att ni kan träffas och diskutera läxarbetet. Du kan också föreslå dina barns lärare att ni ägnar ett föräldramöte åt att diskutera läxor. Nedan finns ett antal diskussionsfrågor.

Diskussionerna bör ske i smågrupper om 3-4 personer innan ni diskuterar i hel grupp. På det sättet får alla möjlighet att göra sin röst hörd. Det är en förutsättning för att allas synpunkter och funderingar ska komma fram och för att man ska uppleva diskussionerna som meningsfulla.

Hur texter har använts i skolarbetet

- Vilka minnen från din skoltid har du av hur ni bearbetade texter?
- Vilka minnen har du av läxor och hemuppgifter från din egen skoltid?
- Hur gjorde du dina läxor?
- Förhörde någon dig på de läxor du hade? Hur gick det till?

- Hur förhördes läxor av läraren?
- Hur upplevde du läxarbetet?
- Annat som du vill diskutera?

Språkets betydelse för lärande i kollektiva sammanhang

- Vad har du för erfarenheter från er egen skoltid av språkanvändningen? Fick alla komma till tals? Fick ni möjlighet att diskutera hur man skulle förstå olika fenomen?
- På vilket sätt användes skrivandet under din skoltid?
- På vilka sätt bearbetades texter under din skoltid?
- Fick ni ge synpunkter på varandras skrivna texter för att förbättra dem?
- Diskuterade din lärare hur lärande går till med er?
- Annat som du vill diskutera.

Föräldrar har en viktig roll i barnens utbildning

- Vilka erfarenheter har du av dina egna barns läxor?
- Vad tycker du att du behöver ha hjälp med för att kunna stötta ditt barn i läxarbetet?
- Annat som du vill diskutera?

- Kommunikationen mellan skola och föräldrar är ett område som behöver utvecklas. Föreslå att ni på ett föräldramöte får diskutera hur lärare och föräldrar kan mötas i diskussioner kring läxor, hur dessa diskussioner kan organiseras, i smågrupper och hel grupper, som studiecirkel.

LITTERATURLISTA

Carlgren, Ingrid, 1994: Från klassundervisning till "eget arbete".
I: *Praxis. Kunskap om undervisning och utbildning*. Nr 2,
1994, s. 9-14.

Cummins, Jim, 2006: Förord. I: Pauline Gibbons: *Stärk språket
stärk lärandet – Språk- och kunskapsutvecklande arbetssätt
för och med andraspråkselever i klassrummet*. Stockholm:
Hallgren & Fallgren.

Dysthe, Olga, 1996: *Det flerstämmiga klassrummet*. Lund: Stu-
dentlitteratur.

Falkenland, Rolf, Falkenland, Lilian, 2003: *Allt i svenska. År 6*.
Lärobok, Stockholm: Natur & Kultur

af Geijerstam, Åsa 2004: Skrivande i No-ämnet. En forskningsin-
ventering och ett par svenska exempel. I: Staffan Thorson
(red.): *Andra nationella konferensen i svenska med didak-
tisk inriktning*. Göteborg 8-9 januari 2004. Göteborg: Göte-
borgs universitet. Utbildningsvetenskapliga fakulteten.

Hattie, John, 2009: Visible *Learning: a synthesis of over 800
meta-analyses relating to achivement*. London & New York,
NY: Routledge.

Isling, Åke, 1988: *Det pedagogiska arvet. Kampen för och mot
en demokratisk skola del 2*. Stockholm: Sobers Förlags AB.

Lpo 94. *Läroplan för det obligatoriska skolväsendet 1994*.
Stockholm: Utbildningsdepartementet.

Marshall, James, D., 1987: The Effects on Writing on Students'
Understanding on Literary

Texts. I: *Research in the Teaching of English*, Vol. 21, No. 1 1987. S. 30-63.

Moberg, Vilhelm, 1987: *Utvandrarna*. Stockholm: Albert Bonniers Förlag

Nationella kvalitetsgranskningar 1998. Skolverkets rapport 1998:160. Skolverket 1999. Stockholm: Skolverket.

Nilsson, Nils-Erik, 2002: *Skriv med egna ord. En studie av lärprocesser när elever i grundskolans senare år skriver "forskningsrapporter"*. Malmö: Malmö högskola. Lärarutbildningen.

Nilsson, Nils-Erik, 2016: *Språkets betydelse för effektivt lärande. Forskningsbaserad undervisning*. Malmö: Gleerups Utbildning AB.

Nystrand, Martin & Gamoran, Adam 1997: The big picture: Language and learning in hundreds of English lessons. I: M Nystrand et al.: *Opening dialogue. Understanding the dynamics of language and learning in the English classroom*. New York and London:
Teachers College Press.

Vygotskij, Lev S, 2001: *Tänkande och språk*. Göteborg: Daidalos.

Ågren, Monika, 1996: Ett gångbart svenskämne – som 26 grundskollärare ser det. I: *Utbildning och demokrati Nr 3, 1996*.

Österlind, Eva, 1998: *Disciplinering via frihet. Elevers planering av sitt eget arbete*. (Uppsala Studies in Education 75.) Uppsala: Acta Universitatis Upsaliensis.